AF496316

L'ALLIANCE FRANÇAISE

CONFÉRENCE

FAITE LE 27 AVRIL 1891

Dans la Salle des Fêtes de l'Hôtel-de-Ville de Laval

par

M. L. BENAERTS

Professeur agrégé d'histoire et géographie au Lycée

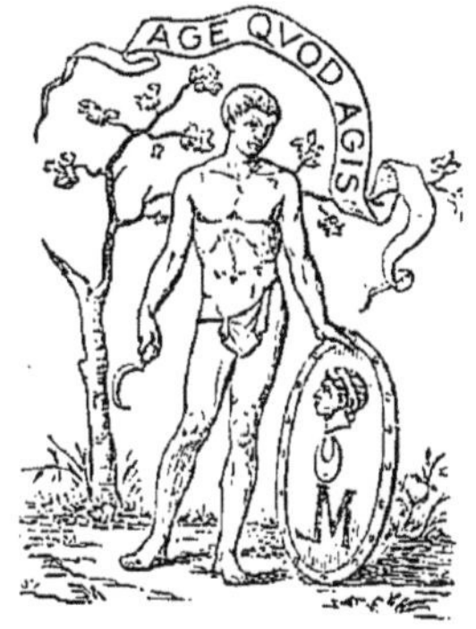

LAVAL

IMPRIMERIE L. MOREAU, RUE DU LIEUTENANT

1891

COMITÉ DE LAVAL

LISTE DES SOUSCRIPTEURS

à titre de Sociétaires annuels

Le 17 Mai 1891

1° Membres du Comité

Présidents d'honneur, MM.

BLONDIN, O. ✻, ✿, I. P. préfet de la Mayenne.
GUIOTH, C. ✻, ✿, général de brigade.

Membres, MM.

ALLARD, G. O. ✻, ✿, général de brigade en retraite.
AMAUDRUT, ✿, I. P. professeur de physique au Lycée.
BENAERTS, professeur au Lycée.
BILLION, ✻, maire de Laval.
BOISSEL, ✻, conseiller général, adjoint au maire de Laval.
BORDEAU-DESBARRES, président du tribunal Civil.
DOMINIQUE, conseiller général.
DOSSE, O. ✻, ✿, colonel du 101e de ligne.
Comte D'ELVA, député de la Mayenne.
GUERRIER, ✿, I. P. inspecteur d'académie.
HERBAGE, directeur des postes et télégraphes.
HUBERT, directeur de l'enregistrement.
P. LE BRETON, sénateur de la Mayenne.
CH. LEBRETON, ✿, I. P. proviseur du Lycée.
LEMARDELEY, ✿, secrétaire général de la Préfecture.
LÉIZOUR, ✻, ✿, professeur départemental d'agriculture.
MAULMOND, trésorier-payeur général.
DE MONTIGNY, procureur de la République.
MOREAU (Emile), ✿.
PELTIER, ✿, I. P. professeur de philosophie au Lycée.
PIEDNOIR, manufacturier.
RIDEL, architecte.
SCHLESSER, professeur au Lycée
SELVES, professeur au Lycée.
SINOIR, professeur au Lycée.

2° Bureau d'administration du Comité

Présidents d'honneur, MM.

BLONDIN, O. ✻, ✪, I. P. préfet de la Mayenne.
GUIOTH, C. ✻, ✪, général command^{t} la 13e brig. d'infant.

Président : GUERRIER, ✪, I. P. inspecteur d'académie.
Vice-Président : BOISSEL, ✻, conseiller général, adjoint.
Trésorier : MOREAU (Emile), ✪.
Vice-Trésorier : SCHLESSER, professeur au Lycée.
Secrétaire : BENAERTS, professeur d'histoire au Lycée.

3° Sociétaires

MM.

Mgr CLÉRET, ✻, évêque de Laval.
JAHAM-DESRIVAUX.
TRESVAUX DU FRAVAL.
SOUCHU-SERVINIÈRE, ✪.
MARIDAT.
BAHON, ✪, I. P.
Ch. MAULMOND.
Marquis DE PONS.
LE GUET.
DENIS, ✻.
J. OUTIN.
AUVRAY, ✪.
MITTRE-DESLANDELLES.
GOUAIS-LANOS.
SOHIER.
BROUARD.
BURG, ✪.
ROUSSEL (abbé), ✪.
LEMONTAGNER.
DE PORET.
HERVÉ.
BEAUFRÈRE.
VENEL.
COLSON.
VASSELIN.
COLET.
SEGUY, ✪, I. P.
DOREAU.
ROLLAND, ✪, I. P.
DELTEL.
MENÉTRIER.

N. B. — Monsieur Benaerts, secrétaire, se tient à la disposition de toutes les personnes qui voudraient adhérer à l'œuvre, ou désireraient quelques renseignements complémentaires relatifs à l'Alliance. — 32, rue du Lieutenant, Laval.

Mesdames,

Messieurs,

Permettez-moi tout d'abord de vous remercier de l'empressement avec lequel vous avez répondu à notre appel. La brillante assistance qui remplit cette salle est pour nous tous le gage certain que les grandes et graves questions d'intérêt national ne cessent de vous préoccuper et que le patriotisme compte dans notre ville de nombreux et d'éminents représentants.

C'est, en effet, de la France que je désire vous entretenir, puisque j'ai à parler d'une société qui a pour objet la propagation de la langue et de l'esprit français dans nos colonies et à l'étranger. Fondée en juillet 1883 par neuf personnes réunies au cercle Saint-Simon à Paris, elle a commencé à fonctionner en janvier 1884, et elle compte aujourd'hui plus de 20.000 adhérents, en France, dans les colonies, à l'étranger, sur tous les points du globe. Elle a un fonds de réserve de 90.000 fr. et un budget annuel des plus respectables. Cent douze comités de propagande ont été fondés sur le territoire français et 70 délégués travaillent à en former de nouveaux.

Telle est notre société vue d'ensemble. Mais il importe de préciser ces indications générales. Il ne suffit pas de vous montrer comment cette société a pris naissance ; il faut encore expliquer les motifs qui ont présidé à sa création et amené son développement dans la France contemporaine.

I

Depuis la fin du siècle dernier, la face du monde a bien changé, et l'état de l'Europe s'est profondément modifié. Au cours du XVIIIe siècle, en effet, il semblait qu'une unité nouvelle allait s'établir en Europe — non pas une unité religieuse ni politique, mais une unité morale, sous l'influence de la langue et des idées françaises. La langue la plus familière à Frédéric II, ce n'est pas l'allemand, à Catherine II, ce n'est pas le russe, à Gustave III, le suédois, c'est le français. Frédéric II accueillait Voltaire comme un triomphateur à sa cour. Le roi de Prusse était fanatique de notre langage. Il est assez curieux, n'est-ce pas, que cette langue française qu'un empereur d'Allemagne atteint de gallophobie aiguë, veut chasser à l'heure actuelle des cuisines impériales, présidât alors aux petits soupers de Postdam. En 1780, l'Académie de Berlin mettait au concours ce sujet : « Qu'est-ce qui a rendu la langue française universelle » ? Universelle, elle l'était au moins en Europe.

Cette situation privilégiée n'existe plus, et ce beau rêve s'est envolé. L'esprit cosmopolite et humanitaire a fait place depuis la Révolution à un réveil violent du sentiment national. Les peuples aujourd'hui ont hérité des passions, des jalousies, des haines qui, autrefois, ne divisaient que les rois. Toute guerre européenne a pris le caractère d'une lutte de nation à nation ; et cela justement en ce siècle où les progrès de la science, en facilitant les relations internationales, tendent à rapprocher et à unir tous les peuples. Il existe en cette fin de siècle une solidarité humaine, un droit des gens, des principes généraux qui chevauchent par dessus les frontières, et pourtant jamais l'esprit particulariste et national ne s'est révélé d'une manière plus intense. Chaque nation tend à se développer de plus en plus pour maintenir son rang en Europe et s'arme pour la lutte possible contre ses voisins ; depuis les évènements de 1866 et surtout de 1870-71, l'Europe s'est couverte non plus de milliers, mais de millions de soldats.

En même temps un prodigieux mouvement d'expansion a étendu l'Europe pour ainsi dire hors d'elle-même ; les peuples européens, dans ces quarante dernières années, sont partis à la conquête de terres nouvelles. Les questions maritimes et coloniales ont pris plus d'importance que jamais. Les deux Amériques, l'Afrique, l'Australie sont devenus autant de pays de civilisation européenne, et aujourd'hui il n'est plus permis de considérer uniquement la vieille Europe. Toutes ces contrées, simultanément ouvertes, détournent les efforts de l'Europe et changent toute sa politique. Depuis les siècles où la Grèce et Rome accomplissaient leur mission on n'avait pas vu de pareilles annexions au noyau de civilisation supérieure. On n'en avait jamais vu d'aussi vastes et d'aussi rapides.

Pour cette lutte de peuple à peuple et surtout pour cette expansion, les ressources de la France sont faibles quand on les compare à celles de certains pays. On a signalé bien des fois le danger que fait courir à la France le faible accroissement de sa population. La natalité est chez les Français de 26 environ par 1.000 habitants, quand elle atteint jusqu'à 35, 38 et même 40 par 1.000 en Angleterre et en Allemagne. Il en résulte que notre émigration est peu considérable. Autrefois, à l'époque de Colbert et au début du XVIIIe siècle l'expansion française ne cessait pas. Aujourd'hui, les besoins de l'industrie qui réclament plus de bras, les effectifs de l'armée qui ont été triplés et quadruplés, le charme même de notre belle France si privilégiée par la nature, notre attachement au sol natal, tout cela a sensiblement ralenti cette émigration volontaire. Il y a à peine 500.000 Français établis hors de France. On compte au contraire 4 millions d'Anglais hors de l'Angleterre, 3 millions d'Allemands hors de l'Allemagne, 1 million d'Italiens hors de l'Italie. On vient beaucoup chez nous et nous allons peu chez les autres.

Telle est la situation à laquelle notre société veut essayer d'apporter un remède. Les hommes de cœur qui l'ont fondée se sont préoccupés de l'avenir en se demandant ce que deviendrait la France quand, sur notre planète transformée, ayant toutes ses parties reliées entre elles par des voies de communication rapides, on compterait huit ou dix états géants comme la Russie, l'Allemagne, les Etats-Unis. — Voilà pourquoi, quand ils ont vu la France s'établir sur de nouveaux territoires depuis 1880, en Tunisie, à Madagascar, au Soudan, au Congo, en Indo-Chine, ils ont voulu parachever la conquête et rendre durable notre établissement dans ces régions, comprenant fort bien que si, depuis quatorze ans, le monde n'a plus vu de grande guerre, la concurrence des nations n'en reste pas moins active ; on conquiert à la faveur de la paix. Ils ont fondé l'ALLIANCE FRANÇAISE pour *conquérir en pacifiant.*

Dans les pays européens il nous faut défendre ce qui nous reste encore de la suprématie intellectuelle du XVIIIe siècle et de la prérogative en matière de langage dont je vous parlais il n'y a qu'un instant.

En dehors d'Europe nous devons lutter aussi pour répandre notre langue. C'est un moyen décisif pour favoriser notre commerce. Celui qui sait le français devient un client de la France : le livre français donne des habitudes françaises et les habitudes françaises amènent l'achat des produits français.

Enfin, *dans nos colonies* il faut propager la connaissance de notre langue ; c'est un moyen d'arriver à créer autant de nouvelles Frances d'où rayonnera au loin notre influence. Nous devons faire des Français de tous ces peuples que nous avons soumis ou pris sous notre protection. Ces hommes qui souvent ont accepté en murmurant notre domination et ont obéi à la force, doivent de leur plein gré, quand ils nous connaîtront mieux, entrer dans la grande famille française.

C'est à ce *triple* objet, à cette œuvre difficile, que depuis six ans se consacre notre société, et pour atteindre le but, voyez, Messieurs, comme elle a bien choisi ses moyens. Partout où il existe des écoles enseignant le français, l'Alliance fait sentir sa sollicitude : elle accorde des subventions de toute nature. Elle envoie à ces humbles maisons, où l'on apprend la langue de notre patrie, les alphabets, les ouvrages élémentaires qui aident l'enfant turc, sénégalais, annamite à y faire les premiers pas — puis les livres de prix qui, plus tard, solennellement distribués, seront la récompense de son travail, qu'il lira adolescent, se prenant à aimer cette nation qui a su exprimer dans une si belle langue tant de pensées nobles et généreuses.

C'est par l'éducation que l'Alliance cherche à faire ses conquêtes. Elle veut attirer à elle tous les enfants et avec raison, car les impressions de jeunesse sont profondes et notre mémoire garde jusqu'au dernier jour le souvenir de cet âge printanier où fleurissent l'amitié et l'amour, où un sentiment intense de vie et de liberté s'allie en notre âme à la foi en l'avenir.

Heureux donc les peuples qui savent attirer vers eux la jeunesse des autres peuples ! Ils se préparent pour l'avenir une clientèle d'amis, une légion de nouveaux compatriotes.

Notre Société a donc raison de s'attacher avant tout à *l'éducation*, et à *l'éducation par le français.* On ne saurait assez insister sur l'influence des langues dans le monde contemporain que j'essayais de vous montrer tout à l'heure avec ses nationalités nettement distinctes, ses races hostiles les unes aux autres, ses peuples groupés d'après les affinités de langage. Voyez plutôt :

Si les nombreux états dont se composait avant 1859 la péninsule italienne ont été fondus en un seul quelques années plus tard, si l'unité de l'Italie s'est faite si rapidement, cela tient sans doute au travail des générations antérieures, cela tient à l'habileté d'un grand ministre, Cavour, cela tient à notre grandeur d'âme, à nous autres Français qui avons versé généreusement notre sang pour des ingrats sur les champs de bataille de Solférino et de Magenta, — mais cela tient surtout à ce que des Alpes au détroit de Messine, 30 millions d'hommes parlaient la même langue, avant que le même drapeau flottât sur tous les édifices de l'Italie.

De même si l'unité allemande qui, en 1848, semblait être le rêve d'un poète ou l'illusion d'un mystique, est depuis vingt ans un fait accompli, cela tient sans doute à l'habileté d'un roi de Prusse, au génie et à l'absence de scrupules d'un Bismarck — cela tient aux malheurs immérités d'un grand peuple ; mais cela tient surtout à ce que de la Vistule au Rhin, de la Baltique au Danube on parle une seule langue et que les hommes qui parlent cette langue ont sacrifié leurs avantages particuliers pour réaliser l'unité politique.

Voilà, Messieurs, deux grands faits de notre temps qui montrent l'influence active de la langue comme *organe de progrès* ; mais elle a aussi d'autre part *un rôle défensif*, un *caractère préservateur*. Dans deux chères provinces de l'est de la France, il suffit qu'au fond d'une maison d'école un modeste instituteur fasse épeler tout bas à de petits enfants des syllabes françaises pour qu'on dise malgré la séparation déchirante d'avec la mère patrie : « *La France n'est pas encore exilée.* » De même dans un pays de l'Amérique du Nord séparé de nous par de vastes mers, dans ce Canada qui ne nous appartient plus depuis cent trente ans, il suffit que des paroles françaises soient prononcées pour qu'on puisse dire : « Malgré tout la France est encore là. »

C'est cette force de résistance, cette puissance active de toute langue en général, et de la nôtre en particulier qui expliquent la pensée des fondateurs de l'Alliance Française dont vous voyez, Messieurs, la raison d'être et l'opportunité. Ce n'est pas une coterie politique, ce n'est pas une société d'études coloniales, c'est l'alliance de tous les hommes de bonne volonté, unis, quelles que soient leurs tendances pour répandre dans le monde la pensée française et la langue qui est l'expression de la pensée. Je me résume sur cette première partie en disant que notre société est à la fois *actuelle* et *nécessaire* : actuelle parce qu'elle répond au mouvement d'expansion de l'Europe contemporaine, à la tendance de tous les grands peuples qui cherchent à répandre leur langue au delà de leurs frontières ; nécessaire aussi, parce qu'elle est conçue dans un but éminemment patriotique, pour remédier à l'insuffisance de l'émigration *française*.

II

Maintenant, Messieurs, que vous connaissez notre société, permettez-moi de vous la montrer à l'œuvre.

Vous verrez qu'elle a beaucoup fait, mais qu'il reste plus encore à faire, et qu'en bien des contrées de la terre notre situation est sérieusement menacée. Mais l'Alliance Française a néanmoins prouvé par ses progrès qu'au milieu de la concurrence générale, de la lutte de vitesse entre les peuples civilisés au nom de la civilisation, la France veut tenir glorieusement sa place.

Autour de nous en *Europe* s'imposait une première propagande ; elle a réussi tout naturellement dans les pays où il y a des populations de langue française ; les comités belges et suisses sont presque des comités français. En *Suisse* pourtant, il y a une position à défendre en même temps qu'un terrain à conquérir, car dans tout l'est de ce pays, à Berne, à Zurich, à Glaris, le français et l'allemand luttent l'un contre l'autre. Notre œuvre y est heureusement représentée par un excellent comité à Zurich.

Elle a trouvé également le meilleur accueil dans les pays qui ont résisté jusqu'ici à la germanisation en gardant leurs mœurs et leur langue ; la *Hongrie* et la *Bohême*, annexées, non incorporées à l'empire des Habsbourg, n'ont pas oublié les anciennes relations qui les unissent à notre pays. A Buda-Pest s'est formé un comité ; la Bohême a son Alliance Française, sœur de la nôtre, qui a été fondée en 1886 ; dans la seule ville de Prague on compte plus de 300 professeurs de français, de nationalité tchèque. Du reste tous les peuples slaves, fraternisent maintenant avec nous, et dans le grand empire qui représente à la fois les antiques traditions et le merveilleux avenir de la race slave, une heure ne me suffirait pas pour indiquer tous les établissements qui enseignent le Français. Après l'idiome national il n'est pas de langue plus chère aux Russes que la française ; plus il la connaissent, plus ils se sentent attirés vers ce peuple auquel la communauté d'intérêts politiques les unit déjà. La sympathie n'est pas moins vive dans certains pays de langue romane : à *Bukharest* en *Roumanie*, où les Allemands dépensent annuellement 80.000 francs pour leur école, les Roumains d'eux mêmes ont réclamé une école française. Ils ont réuni à cet effet par souscription publique un capital de 100.000 francs et M. Alexandre Philippesco, un généreux ami de la France, a donné 25.000 francs à notre association. Nous ne sommes plus en Roumanie regardés comme des étrangers. Aussi heureuse sur la terre *d'Espagne*, l'Alliance a ouvert et fait prospérer des écoles à Madrid et à Valence ; elle en subventionne d'autres à Barcelone.

Dans la Méditerranée orientale surtout, l'Alliance a multiplié ses efforts pour conserver à notre pays l'influence plusieurs fois séculaire dont il jouit dans ces régions. La France, en effet, Messieurs, n'a pas seulement *en Orient* une situation, une influence matérielle considérables qu'elle tire de son commerce et de ses capitaux, car depuis cinq siècles les négociants marseillais trafiquent sans cesse avec l'empire turc — la France possède aussi un ascendant moral particulier qui s'explique par son long établissement dans ces régions, et le protectorat religieux qu'elle y exerce depuis l'époque de François Ier et de Soliman. Nous sommes les protecteurs naturels, obligatoires de toutes les populations catholiques indigènes, arabes, grecques ou autres, de tous les établissements catholiques, français, italiens, espagnols sans distinction d'origine et de rite. Il y a encore, aux yeux des Musulmans, une seule famille catholique à la tête de laquelle est placée la France et dont elle a la direction. Le consul de France paraît, aux sujets du sultan, le premier des consuls ; — en Turquie d'Asie, en Syrie, on parle notre langue, elle est, dans la plupart des Échelles du Levant, la seule dont on veuille se servir pour le commerce. En *Egypte* elle demeure l'idiome officiel du gouvernement malgré l'occupation anglaise. On lit nos livres. Il faut dire que les Orientaux n'en sont pas encore à Pierre Loti et à Bourget, les beautés *des Pêcheurs d'Islande* et du *Disciple* leur sont inconnues. Ils s'en tiennent à l'antique roman de cape et d'épée, aux *Trois Mousquetaires* et au *Coureur des Bois.* — Nos grands hommes sont connus chez eux. Un excursionniste français, parcourant la Bithynie, contrée fertile dans l'antiquité au temps de Pline le Jeune, mais aujourd'hui région quelque peu déshéritée, s'arrêta un soir dans une petite bourgade. En face de la misérable auberge où il se voyait forcé de descendre se trouvait une boutique avec une enseigne. L'enseigne représentait un papillon de ver à soie. Autour était une inscription en grands caractères français que dorait le soleil d'Asie — et le voyageur étonné lut avec un sourire d'orgueil ces mots : *Grainage cellulaire, système Pasteur.* »

C'est vous dire, Messieurs, combien le terrain est favorable pour notre action. En Grèce l'Alliance subventionne les écoles d'Athènes, tenues par les sœurs de

Saint-Joseph, celles de Syra, de Naxos, de Ténos. En Asie Mineure les écoles de Brousse, de Smyrne, de Chypre ; en Syrie, celles de Bagdad, de Beyrouth, d'Antioche, de Damas, de Jérusalem ; en Egypte les écoles laïques ou religieuses d'Alexandrie, du Caire, de Port-Saïd sont des fondations de l'Alliance ou reçoivent d'elle d'importants subsides. Notre société s'honore en secondant toutes ces écoles laïques ou congréganistes. Grâce à elle le Levant continue d'être une de nos colonies morales.

Mais il ne faut pas perdre un moment, car si ces positions sont bonnes, elles sont aussi très menacées. C'est d'une part le monde protestant. Anglais et Américains s'efforcent d'introduire la Réforme et avec elle la langue Anglaise en Orient. Leurs missions font une propagande acharnée ; religion, commerce, langue, tout marche de pair. — C'est d'autre part le monde catholique qui essaie aussi de nous déposséder. Depuis que l'unité italienne est faite, nous rencontrons l'hostilité de l'Italie en Orient comme en Europe. Moines et prêtres italiens sont les pires ennemis de l'influence française. L'Autriche aspire également à nous supplanter ; elle soutient des congrégations qui propagent l'allemand. Donc pas de défaillance, car si la France abandonne ses écoles et ses missions d'Orient, l'Angleterre, l'Autriche et l'Italie s'arracheront notre héritage.

En *Asie* nous avons des représentants à Irkoutsk en Sibérie, en Chine, en Corée. Au *Japon* l'action de l'Alliance est encore bien faible et notre influence y est bien menacée. L'armée nous échappe par les officiers allemands. La propagande anglaise et américaine gagne du terrain tous les jours malgré le zèle infatigable de nos missionnaires, hélas, trop peu nombreux !

Dans l'*Amérique latine* où se sont développées tant de jeunes républiques qui se considèrent volontiers comme sœurs de la nôtre, la situation est meilleure et l'action de notre société est salutaire. A Caracas, au Vénézuéla, le Comité compte 300 adhérents ; au Pérou il y a un collège français ainsi qu'à Rio-de-Janeiro. Dans la République Argentine où habitent plus de 70,000 Français, les progrès sont rapides. En Australie, à Melbourne, une Française, Mme Mouchette, a réussi à fonder un Comité qui compte plus de 400 membres. Honneur à cette aimable Française qui répand avec tant de grâce notre langue et notre esprit dans le voisinage des antipodes.

Mais notre association n'a eu garde d'oublier une des parties essentielles de sa tâche, je veux dire son action dans les colonies. Sa sympathie et son appui sont tout d'abord acquis à celles que nous avons perdues au siècle dernier et qui nous sont toujours chères. Ne sont-elles pas, en effet, la preuve vivante, saisissante, de l'utilité de notre œuvre. On reste fidèle au français quand on l'a une fois su et parlé, témoin la ténacité avec laquelle nos compatriotes de l'île Maurice et du Canada ont conservé leur langue malgré la conquête anglaise. En 1763 les Canadiens arrachés à la France étaient au nombre de 70,000. Ils sont aujourd'hui plus d'un million et demi et sont restés fidèles à la langue, aux traditions, à la religion de leurs pères. Allez à Québec et vous croirez être dans une ville de France du siècle dernier ; vous y verrez des enseignes françaises, vous y entendrez parler le français dans les salons, dans les magasins, dans les rues. Quand un Français débarque au Canada, il est le bienvenu, on l'accueille comme un ami ou comme un frère.

Un de mes amis, officier de marine, m'a raconté à ce sujet une scène touchante. Permettez-moi de rappeler ce souvenir personnel. Il y a trois ou quatre ans, nos aspirants de marine achevaient leur tour du monde sur la frégate l'*Iphigénie*. Ils avaient été fêtés à Québec, et emportaient un souvenir ému de la réception cordiale que leur avaient faite les autorités et les familles canadiennes. Le jour du départ était arrivé : les Canadiens avaient arboré pour honorer leurs hôtes des drapeaux français, des drapeaux tricolores et ces vieilles bannières fleurdelisées d'autrefois. Quand le vaisseau leva l'ancre, la population massée sur les rives du fleuve demanda aux officiers de faire jouer notre hymne national. Les voix des Canadiens se mêlèrent bientôt aux cuivres des fanfares, les yeux étaient humides, les bras se tendaient vers nos marins ; jusqu'au dernier moment, ces braves gens acclamaient la France devant les Français, comme pour envoyer à la patrie perdue un souvenir de filiale affection. Les assistants n'oublieront jamais le souvenir de cette scène, et ne doutent pas de l'influence que peut avoir la langue pour la propagation des idées françaises.

Aimons donc cette race canadienne, vigoureuse et patriote, comme elle nous aime. Nous venons encore d'en avoir la preuve. Il y a huit jours à peine, au banquet annuel de l'Alliance Française, M. Mercier, ministre du Canada, a montré en termes éloquents l'attachement des

Canadiens à notre pays. La Nouvelle-France, comme on l'appelait autrefois, n'a pas oublié l'ancienne.

C'est à nous de récompenser par des encouragements de tout instant cette fidélité méritoire. L'Alliance a perdu beaucoup par la mort d'un prêtre canadien de grand cœur et de grand esprit, Mgr Labelle. Qu'il me soit permis de rendre hommage à la mémoire de cet éminent Français d'Amérique qui est venu plusieurs fois parmi nous en 1885 et 1890, et qui a tant fait pour notre cause ! Par les envois de livres et de subsides à diverses écoles canadiennes, l'Alliance encourage ces vieux Français, accroît leur puissance en face de l'Angleterre et facilite leurs moyens d'action.

A *l'île Maurice* les secours de notre société maintiennent notre influence. Le français est enseigné dans presque toutes les écoles, et sur 100.000 habitants plus de 40.000 parlent français.

A Karikal, à Mahé, à Pondichéry, dans *l'Inde*, des comités et des cours de français ont été organisés.

Mais l'Alliance ne cherche pas seulement à maintenir et à étendre l'action morale de la France dans ces colonies perdues ou dans ces anciens établissements. Elle travaille surtout à favoriser son expansion dans les contrées où notre drapeau a été récemment planté,

Au *Tonkin*, les salles d'asile d'Hanoï, de Nam-Dinh, d'Haïphong, refusent des élèves. Le comité d'Hanoï n'a cessé de prospérer. Il a été fondé en effet par un homme de valeur, un des fervents adeptes de notre société, le regretté Paul Bert. Le comité compte parmi ses membres des fonctionnaires indigènes. Les cahiers d'élèves exposés aux Invalides en 1889 font honneur à l'intelligence des jeunes Annamites et au dévouement de leurs maîtres.

A *Madagascar* les écoles françaises des frères de la doctrine chrétienne soutiennent énergiquement la lutte contre les écoles anglaises protestantes jusqu'ici prépondérantes.

Sur le *Continent africain* même, il s'agit depuis quelques années de constituer un empire français allant de la Méditerranée au Congo, de l'Océan Atlantique au Soudan, accessible à notre influence commerciale. Là, par trois routes convergentes, nous avons entrepris le siège d'une région du continent noir plusieurs fois grande comme la France La prédication de la langue française n'est pas un élément négligeable dans la solution de ce problème, car c'est une douleur de penser que sur notre meilleure base d'opérations, en Algérie, l'instruction française soit aussi peu répandue chez les indigènes. Depuis plus de trente ans, nous avons achevé la conquête matérielle de ce beau pays, mais sa conquête morale reste à faire, car sur 400.000 enfants arabes ou kabyles qui devraient aller à l'école, dix mille au plus apprennent notre langue. Les comités d'Alger, d'Oran, de Constantine déploient la plus louable activité, mais les ressources sont trop modiques. Il reste tant à faire !

En *Tunisie* les progrès sont rapides : dix mille écoliers apprennent le français. L'Alliance a eu là à son service un homme de mérite, M. Machuel, qui a su profiter d'une situation privilégiée. Tandis qu'en Algérie les guerres de la conquête ont fait table rase du passé, la Tunisie a conservé intact le cadre de ses institutions scolaires. L'enseignement primaire existe partout, ayant pour principal objet l'enseignement de la religion, l'enseignement du Coran. Les écoles coraniques sont au nombre d'un millier, fréquentées par de nombreux élèves. Le problème qui s'imposait à nous consistait à introduire dans ces écoles notre langue et y faire pénétrer nos idées lentement, mais sûrement, sans rien brusquer. M. Machuel, avec l'appui de M. Massicault, a fort bien réussi. Il a obtenu la création d'une sorte d'école normale primaire qui formera les maîtres indigènes appelés à remplacer, au fur et à mesure des extinctions, les maîtres actuellement en fonctions. Les élèves de cette école apprennent à lire, à écrire, à parler le français. Placés dans l'enseignement, ils continuent à enseigner le Coran, mais ils apportent dans cet enseignement quelque chose de l'esprit nouveau et professent souvent en français.

Le *Sénégal* et le *Soudan* forment une seconde base d'opérations pour la pénétration de l'Afrique. Un comité fonctionne à Saint-Louis. Les Pères du Saint-Esprit en ont surtout bénéficié. Ils ont étendu leur action dans le gouvernement des Rivières du Sud et y ont fondé plusieurs écoles de mission subventionnées par notre société. De son côté, l'autorité militaire a pu, grâce aux encouragements de l'Alliance, organiser des écoles dans les vastes régions du Soudan français récemment soumises à notre influence. C'est à M. le colonel Gallieni que revient le principal honneur de ces fondations. A Bakel, Kayes, Bafoulabé, sur le Haut-Sénégal, à Bammako, sur le Haut-Niger, à Kita, dans la région qui s'étend entre les deux fleuves, les petits noirs Bambarras, qui jadis couraient demi-nus dans la brousse, apprennent aujourd'hui à parler notre langue. Le colonel Archinard suit les traditions de Mr Gallieni. Il administre nos écoles du Haut-Sénégal et du Haut-Niger, avec autant de résolution et de succès qu'il marche à la victoire.

Là, dans ces gros villages occupés par nos troupes, des sous-officiers français ou indigènes, dirigés par leurs officiers dans cette tâche nouvelle, se sont improvisés instituteurs et ils instruisent les fils de ceux qu'ils combattaient la veille. L'école est le plus souvent une mauvaise case mal abritée contre les rayons du soleil, et le matériel scolaire laisse à désirer. C'est une rude tâche pour nos soldats de se faire maîtres d'école, mais ils trouveront qu'ils seront suffisamment payés de leurs peines quand ces jeunes négrillons seront devenus des hommes et qu'ayant appris de bonne heure à connaître et à aimer la France, ils marcheront avec entrain comme de vrais troupiers sous les plis du drapeau tricolore.

Dans le Gabon et le Congo, cette troisième route du Soudan par laquelle marche à l'heure où je parle l'intrépide Crampel, nous avons encouragé les missionnaires du P. Aughouard établis sur le Haut-Oubanghi.

Pardonnez-moi, Messieurs, tous ces détails, mais un peu de précision était nécessaire pour vous faire voir ce qu'a fait *en six ans* notre société avec de si modestes ressources. Et n'était-il pas juste en même temps d'attirer vos regards sur ces soldats devenus instituteurs et sur ces admirables missionnaires qui travaillent à créer là-bas une nouvelle France? Nous ne savons même pas leurs noms : Que nous apprendraient-ils, au reste, puisqu'ils s'appellent tous : *abnégation et patriotisme* ? Soyons fiers d'eux et aidons-les. Ils sont si heureux quand ils reçoivent des secours pour les humbles écoles qu'ils dirigent ou qu'ils cherchent à établir. Ils sentent alors que des cœurs français sont avec eux. Ne leur refusez pas cette joie. C'est à eux que doit s'adresser une partie de nos modestes souscriptions. En adhérant à l'Alliance française, on montre qu'on n'oublie point ces pauvres volontaires au service de la France, ces hommes qui vivent pour la religion et pour la patrie !

III

Comment, me demanderez-vous peut-être, ces résultats ont-ils été acquis en si peu de temps et avec des ressources si modiques ? Rechercher rapidement les raisons de ce succès, ce sera, Messieurs, pénétrer davantage cette belle œuvre et vous en résumer plus nettement encore les véritables caractères.

Notre société s'est propagée d'abord parce qu'elle est une association indépendante et libre de toute attache officielle. L'Alliance Française n'a qu'un drapeau, celui de la France ; elle est étrangère à toute querelle entre les personnes, à tout débat entre les idées. Elle n'est pas une œuvre de parti, elle n'est qu'une apothéose de la Patrie, et c'est par ce côté sublime que l'Alliance, à laquelle ont adhéré vingt-sept prélats catholiques, se révèle comme une des inspirations les plus pures du christianisme. Elle est la société nécessaire à tous les Français éloignés de la patrie; c'est autour d'elle qu'ils se groupent pour réchauffer le culte de la patrie absente.

Elle a progressé en second lieu parce qu'en ce siècle où les intérêts économiques sont venus au premier plan dans les préoccupations des peuples, elle sert merveilleusement notre commerce. Les progrès du commerce sont en rapports constants avec ceux de la langue. En voulez-vous un exemple ? Lorsque les colonies anglaises d'Amérique se furent séparées de l'Angleterre pour prendre le nom d'Etats-Unis, on put croire désormais que toute relation commerciale était rompue entre la métropole et sa fille révoltée. Il n'en fut rien. La guerre une fois terminée, l'Angleterre s'empara sans peine du marché américain, et aujourd'hui son commerce avec ce pays est juste le double de celui qu'elle fait avec nous. Une des raisons de ces relations étroites et durables, c'est qu'on parle anglais sur les deux rives de l'Atlantique, à New-York comme à Liverpool.

Enfin, elle a progressé parce qu'elle plaît à tous les Français qui ont compris que cette œuvre était conforme à la tradition de notre pays, au rôle humanitaire de la France, la grande civilisatrice. Quand le monde était restreint au continent européen, nos pères francisaient l'Europe par la langue et les mœurs. L'Europe s'étend aujourd'hui sur le monde : *francisons le monde !*

Voilà pourquoi, Messieurs, notre société ne cesse de faire des prosélytes dès qu'elle est connue. Elle répond à toutes les inspirations ; elle satisfait les commerçants et les industriels qui songent à l'avenir économique de notre France. Elle plaît aux âmes généreuses qui souffrent des querelles de la politique et sentent le besoin de l'union, de l'action commune, sans pour cela abandonner leur croyance. Elle séduit enfin tous ceux qui ont souci de la grande mission humanitaire de notre pays et qui veulent rester fidèles aux traditions françaises.

IV

Je vous ai montré, Messieurs, quelle avait été la pensée des fondateurs de l'Alliance ; vous venez de la voir à l'œuvre et de comprendre les raisons de ses rapides progrès. Mais, et c'est le motif qui m'a engagé à prendre ici la parole, il reste beaucoup à faire. L'arrêt ne nous est point permis : en ce temps d'activité fiévreuse et de lutte perpétuelle, l'avenir est au peuple le plus actif et surtout le plus persévérant dans son activité. Notre situation hors d'Europe est dangereuse, compromise même sur bien des points, notamment au Japon et dans le Levant. Je vous signalais déjà tout-à-l'heure en passant les ennemis redoutables contre lesquels il nous faut lutter. Voyons-les de plus près.

Une nuée de missionnaires anglicans se répandent dans ces pays où nous n'avons parfois que quelques missionnaires et quelques écoles ; ils propagent partout la langue anglaise et sont soutenus par des associations bien autrement puissantes que la nôtre et qui disposent d'énormes capitaux, témoin la société des *Missionnaires de l'Eglise anglicane* qui compte 182,000 adhérents et qui a un revenu annuel de 221,000 livres sterling (5,525,000 fr.) ; elle entretient 1859 écoles ; la société des *Méthodistes Wesleyens* a trouvé 88,000 adhérents et jouit d'un revenu de 130,000 livres ; la société pour la *propagation de l'Evangile à l'étranger* a 281,000 adhérents et 110,000 livres de revenu. Au total, avec d'autres associations du même genre un ensemble de 900,000 adhérents et un revenu total de plus de 14 millions de francs. Toutes ces sociétés répandent beaucoup moins la parole de Dieu que la langue et les objets manufacturés de l'Angleterre ; les bibles qu'elles impriment précèdent les ballots de marchandises de Manchester et de Liverpool. Etonnons-nous ensuite que l'on parle anglais sur tous les points du globe, et que les négociants anglais se voient ouvrir tous les marchés du monde. Admirons et surtout imitons.

Les Allemands ne sont pas restés en arrière. Ils ont créé en 1881 l'Association scolaire allemande (Deutschulverein) qui compte plus de 10,000 membres ; à Vienne, une association similaire compte 100,000 membres dont 30,000 dames. Ces sociétés inondent le monde de leurs émissaires qui portent au delà des mers la langue, l'influence, les produits de l'industrie allemande. Les Italiens eux aussi ont créé une association pour la diffusion de leur langue. En Tunisie, en Egypte, en Turquie, dans la République Argentine, nous rencontrons partout des Italiens : des maisons de commerce italiennes font concurrence aux nôtres ; les écoles italiennes s'élèvent en face des écoles françaises.

Partout donc, Messieurs, de sérieux dangers nous menacent. Il semble que les peuples aient renoncé aux luttes ouvertes ; ils rivalisent sous le régime de la paix armée, et comme la propagande a des allures pacifiques, nous ne pouvons répondre que par une propagande semblable.

Dans les luttes de ce genre il faut des ressources, et notre Alliance ne demande à ses souscripteurs qu'un modeste denier. Il faut beaucoup de ces souscriptions pour parfaire une somme et dans de pareilles conditions, ce n'est pas trop de notre concours à tous. L'Alliance s'adresse aux industriels et aux commerçants lavallois qui sentent mieux que personne le prix de ses efforts. Elle s'adresse à tous les Français dévoués qui seront fiers de savoir que notre langue résonne au loin dans le monde, parce que là où est parlée notre langue, là est connue et appréciée notre patrie. Elle s'adresse enfin à ces auxiliaires dévoués de toute œuvre de cœur, à vous, Mesdames, dont le concours lui est si nécessaire. Mettez à son service un peu de cette diplomatie si habile et si charmante dont vous avez le secret et bientôt notre société pourra plus que doubler les services qu'elle rend à notre pays. On a cité souvent les paroles prononcées un jour par un grand archevêque, Monseigneur Strossmayer, un de ces Slaves qui aiment la France. Permettez-moi de vous les rappeler. Il rentrait dans Agram après une cruelle épreuve, et recevant une députation de jeunes filles, il leur dit : « Ce qui est gravé dans le cœur de la femme est assuré de l'immortalité. Heureux le peuple chez lequel la femme s'associe aux aspirations nationales ! L'avenir est à lui ».

V

Venez donc à nous, vous tous qui aimez la patrie. Aidez l'Alliance Française à défendre les positions déjà conquises et à entreprendre de nouvelles conquêtes. Ne permettez pas que notre influence disparaisse dans l'Extrême-Orient, au Japon, dans le Levant, au Canada. Donnez aux hommes dévoués qui se consacrent à cette tâche les moyens de continuer l'œuvre humanitaire et civilisatrice qui est conforme aux traditions de la France. Les Français qui foulent le sol de l'Afrique ne parcourent point le pays en répandant la terreur sur leur passage et n'étonnent pas l'Europe par de brutales traversées du Continent noir. Ils viennent apportant avec eux la paix et la lumière; ils répandent leur langue, cet instrument souple et merveilleux de la pensée, cet organe de progrès et de liberté perfectionné par tant de grands esprits. Les écoles s'ouvrent, les défiances disparaissent ; avec les progrès de l'intelligence grandit l'amour de la France. Le commerce se développe ; tout un peuple se transforme, et les émigrants français étonnés croient retrouver une nouvelle France au delà des mers. Ces paroles de notre grand Racine leur reviennent en mémoire :

Quelle *France* nouvelle
Sort du fond du désert, brillante de clartés,
Et porte sur le front une marque immortelle.
Elle renaît plus charmante et plus belle.
D'où lui viennent de tous côtés
Ces enfants qu'en son sein elle n'a point portés ?
Les peuples à l'envi marchent à sa lumière.

Voilà l'idéal de notre Société. Permettez lui de l'atteindre, Messsieurs. Aidez le génie de la France à appeler à lui les petits enfants, et à montrer aux jeunes gens le chemin de notre patrie. Nous servons notre pays en le faisant connaître, car on ne peut le connaître sans l'aimer.

120

www.ingramcontent.com/pod-product-compliance
Ingram Content Group UK Ltd.
Pitfield, Milton Keynes, MK11 3LW, UK
UKHW021205230726
13926UKWH00001B/315

9 782014 062915